AUX ARMES !

APOSTROPHE PATRIOTIQUE,

ADRESSÉE

AUX ROIS DE L'EUROPE,

ET PRÉCÉDÉE D'UNE

Lettre à M. Casimir Perrier,

PRÉSIDENT DU CONSEIL DES MINISTRES.

PARIS,

CHEZ TOUS LES MARCHANDS DE NOUVEAUTÉS.

1831.

Imprimerie de David,

BOULEVART POISSONNIÈRE, N. 4 BIS.

LETTRE, PRÉFACE, AVANT-PROPOS,

OU TOUT CE QU'ON VOUDRA,

ADRESSÉ

A M. CASIMIR PERRIER,

PRÉSIDENT DU CONSEIL DES MINISTRES.

MONSIEUR,

Vous avez tant crié *la paix ! la paix !* depuis que vous êtes arrivé au ministère, que vous en avez gagné une extinction de voix; et maintenant s'il vous prenait quelque velléité de crier : *la guerre ! la guerre !* vous le feriez d'une manière si sourde, que je doute que la France puisse vous entendre: il est probable que vous ne retrouverez cette voix sonore qui fit tant de fois vibrer les cordes du patriotisme, que lorsque nos pacifiques voisins d'outre-Rhin vous auront envoyé quelques bombes remplies de pillules martiales saturées de poudre à canon.

Moi, qui ai autant que vous désiré la paix, mais qui ne me suis pas, hors de propos, enroué en proclamant mes désirs, je crois devoir crier enfin : *Aux armes !* Ce mot vous eût moins effrayé il y a huit jours qu'aujourd'hui; et dans hut jours, peut-être chercherez-vous à le balbutier ; tant il est vrai qu'au temps où nous vivons, tout marche au triple galop ; mais il irritera vos amis, vos journaux, et je crains de leur part une bordée aussi bien nourrie, et même mieux que si j'étais l'impérial Kalmouck, ou le grand sire de Modène.

Ne croyez pas toutefois, Monsieur, que je sois comme nos hommes d'état, facile à ranger sous la bannière de la peur : si je viens solliciter votre intervention en ma faveur, ce n'est pas dans un sentiment personnel , une pensée patriotique me domine seule, et la voici :

Toute la population de la France peut se classer ainsi qu'il suit :

La Nation, ou 30 millions d'hommes qui veulent la Charte, toute la Charte, rien que la Charte de 1830;

Les carlistes, ou 500 mille vieux fous;

Les bonapartistes, ou 500 mille vieux soldats;

Les républicains, ou 500 mille jeunes exaltés.

Vos amis, qui tous, j'aime à le croire, sont du parti de la nation, dédaignent les carlistes, ce en quoi ils ont fort raison, et se bornent à demander qu'ils soient sévèrement gardés à vue, mesure très-sage à adopter avec des hommes que leur maladie pourrait accidentellement rendre fous furieux.

Ils redoutent peu les bonapartistes, dont le

cœur est chaud , mais dont la force est nulle : en effet, que craindre de quelques milliers d'invalides qui oublient sans doute que rarement le génie est héréditaire.

Ils voient de mauvais œil les républicains, et l'influence des souvenirs explique cette rancune contre une théorie dont les partisans sont peu nombreux , mais agitent facilement l'opinion publique, parce que jeunes, ardens et instruits, ils ont beaucoup de leurs adeptes parmi les *littéromanes*, qui chaque matin accouchent de longues dissertations sur le grand art de gouverner les hommes. Vos amis ne les aiment pas ces jeunes exaltés, mais ce n'est pas pour eux qu'ils conservent toute leur bile.

Dans la couleur de la nation on distingue quelques nuances, et c'est là que vos amis montrent leur despotisme et leur peu d'indulgence. Ils veulent que tout le monde porte un habit du même rouge qu'eux (rouge un peu terne), et quand ils voient quelqu'un qui adopte le beau et franc rouge de notre drapeau tricolore, ils l'attaquent avec un acharnement qui me rappelle trop souvent M. de Corday injuriant le général Foy, ou M. de Labourdonnais requerrant l'exclusion de Manuel. Surveillez, monsieur, surveillez avec soin cette conduite inconsidérée de vos amis : rien ne blesse le cœur d'un homme juste comme la méconnaissance de ses vrais sentimens ; rien n'irrite un patriote comme le doute de son amour pour la France ; rien n'outrage un ami de la Charte comme la supposition de son peu de respect pour les lois. Craignez l'excès de zèle de certains hommes, et ne souffrez pas qu'on force les plus sincères amis de Louis-Philippe à chercher un asile dans un camp ennemi.

Je venais, Monsieur, de tracer ces lignes, quand on est venu m'apporter un journal. Qu'y vois-je ?... Faut-il, comme après le 8 août 1829, s'écrier, malheureuse France ! malheureux roi !... Eh ! quoi ! adoptant les brutalités de la tribune que naguère je signalais à votre surveillance, vous les pétrissez en brutales destitutions, et vous les faites adopter à notre Louis-Philippe, à l'élu de notre choix, au monarque le plus populaire dont la France puisse s'énorgueillir. Ah ! Monsieur, rappellez-vous cette époque où l'opposition constitutionnelle combattait les ministres de Charles X ; rappelez-vous les doctrines que vous professiez alors ; relisez-même les discours que vous prononçâtes, et jugez vous.

Et qu'a donc de si terrible, de si formidable cette association qui excite si fort votre colère ? j'avoue que je crois à toute son inocuité : je dis plus, je suis solliciteur ; j'ai besoin pour soutenir ma famille d'obtenir un emploi : je dois donc chercher à ne pas mériter l'animadversion de l'autorité. Eh bien ! monsieur, j'ai adhéré sans hésiter à l'association. « Elle est bonne, elle est » sage, me suis-je dit, hâtons-nous donc de

» former une barricade de plus entre notre Louis-
» Philippe et ses ennemis. Est-il possible qu'un
» jour des mal-intentionnés cherchent à s'en em-
» parer pour la diriger contre le trône de juil-
» let? adhérons y encore, car alors nous pour-
» rons être utile en dévoilant la coupable direc-
» tion qu'on voudrait lui donner. » Tels furent,
monsieur, les motifs qui déterminèrent mon
adhésion : et j'avoue que si j'avais eu l'insigne
honneur d'être ministre, j'aurais lancé tous mes
subordonnés dans cette association; j'y aurais
poussé toute la France, et me serais ainsi em-
paré d'une arme qui dès-lors eût été le plus ferme
appui du trône. Et si l'on venait me citer la Ligue
dont Henri III s'empara, et par qui Henri III
fut immolé, j'accepterais la comparaison, quoi-
que les hommes et les circonstances soient in-
comparables, et je vous dirais : Sommes-nous au
temps où l'ignorance et le fanatisme entraînaient
les hommes à leur insu? craint-on maintenant ces
torrens dévastateurs qui au moyen-âge rou-
laient pêle-mêle hommes et choses, pensées et
actions? Non, monsieur; au temps où nous vivons la raison domine le flot populaire avec plus
de rapidité encore que l'art ne parvient à domp-
ter la nature en furie.

Mais, monsieur, je connais trop votre bon
sens, je vous crois trop d'esprit pour n'avoir pas
su mieux apprécier que vous ne semblez l'avoir
fait, ce qu'on nomme pompeusement la *nouvelle*

Ligue, et j'aime à croire qu'en cette occasion si votre bon sens n'a pas été en défaut, c'est votre esprit qui vous a fait errer. Il vous a dit : Vous voilà ministre, il faut vous montrer fort, car c'est la faiblesse qu'on reproche à vos prédécesseurs. Ce raisonnement vous a séduit, et pour faire preuve d'énergie, vous vous êtes mis à frapper non pas avec force, mais avec brutalité sur vos anciens amis, certain que s'ils ripostaient, ils le feraient avec ménagement, ce qui vous laisserait le champ de bataille. S'il y a de l'adresse dans une telle conduite, avouez qu'il y a bien peu de générosité, car enfin vos coups portaient sur des hommes dont tout le tort était de vous crier: « Vous pourriez tomber, appuyez-vous sur nous. »

Je viens de dire que c'était sur des amis que vous aviez frappé, et je pense que vous ne refuserez pas ce titre aux Barrot, aux Laborde, aux Bernard, si ardens à combattre les ministres inconstitutionnels de Charles, si empressés à consolider le trône de Philippe. Mais ces amis prenaient, me direz-vous, une mauvaise route. Eh! bien, je consens à vous faire cette concession, et vous avouerez dès-lors que c'étaient des amis égarés. Eh! monsieur, est-ce avec de la brutalité, car je dois présumer que ce qu'on nommait ainsi avant juillet, a conservé le même nom après août, est-ce avec de la brutalité qu'on peut, qu'on doit éclairer la conscience et le patriotisme de ceux dont on a partagé si long-temps les opinions , les travaux et les dangers. Au lieu de commencer par les faire injurier par les successeurs des trois-cents , avez-vous un moment abdiqué le portefeuille pour venir au milieu d'eux peser amicalement les conséquences de leur conduite. Loin de là , avec une violence qui n'est pas digne de l'homme fort , avec une légèreté coupable , pour ne pas me servir d'une expression plus amère, vous les avez accusés de menacer le trône de notre Louis-Philippe en se liguant contre tous les Bourbons , quand vous ne pouviez ignorer que la *branche aînée* était seule et spécialement désignée à la vigilante surveillance des citoyens. Ah ! si vous leur eussiez dit : Votre association peut faire naître tel danger , remédiez-y avec franchise, et vous me verrez vous seconder en dotant l'État de toute l'énergie que votre patriotisme cherche à développer ; c'est alors que vous eussiez pu juger de l'amour de ces hommes que vous calomniez, pour la patrie et pour le trône de Louis-Philippe.

Ne voyez pas, monsieur , dans les reproches que j'ose vous adresser le résulat d'une opinion contrariée, le dépit d'un membre de l'association, blessé par vos attaques : rarement un sentiment personnel me guide dans mes actions, et l'amour de la patrie a seul le secret de donner quelques inspirations à ma plume. Croyez donc que si je ne voyais quelques dangers dans la ligne de conduite que vous semblez avoir adopté , je ne me serais pas éloigné du but primitif de ma lettre.

Depuis quinze ans la nation s'est jetée en majorité dans l'opposition; elle a adopté une marche que les tentatives de l'absolutisme n'ont que trop justifiée. Depuis juillet elle est dans l'étonnement, je dirais presque dans l'inquiétude de se voir d'accord avec le pouvoir ; les longues habitudes du passé, l'expérience surtout lui rendent à chaque instant des velléités d'oppositon : Louis-Philippe seul par la libéralité de ses principes, la popularité de sa conduite, pouvait la rassurer ; mais si ses ministres, par des mesures acerbes, par des destitutions violentes, sont assez imprudens pour l'effrayer , elle reprendra sans peine une habitude qui était devenue pour elle une seconde nature, une condition de son existence. Elle adoptera la marche suivie par les Mauguin et les Lamarque , et se jettera dans une exagération qui est, peut-être salutaire au sein de la Chambre, en ce qu'elle renferme le pouvoir dans des limites immuables, mais qui serait dangereuse pour le repos public si elle passait dans la nation. Voilà, monsieur, le danger que j'aperçois. Renoncez donc à la force brute, ne vous servez que de la force de persuasion, et la France proclamera bientôt qu'elle retrouve dans le président du ministère le député qui contribua si puissamment à la défense de la liberté.

Je m'aperçois, un peu tard peut-être, qu'une longue digression m'a éloigné de mon but et que j'ai oublié de vous dire ce qui me décide à crier aux armes !

D'abord, veuillez remarquer qu'en criant *aux armes !* je ne dis pas à nos bataillons *en avant !* mais je veux que l'Europe nous voie sur la frontière, et qu'elle sache que le mépris qu'elle ferait de nos paroles de paix serait immédiatement suivi d'une guerre à outrance; veuillez ensuite prendre note que si j'énumère tous les appuis populaires que nous trouverions chez nos voisins, ce n'est pas par amour pour la propagande, mais pour convaincre les rois que toute perfidie à notre égard serait payée par de terribles représailles.

Cela posé, voyons si ce n'est pas une conviction profonde et trop justifiée qui me montre la guerre comme inévitable d'ici à quelques mois, malgré tous vos efforts pour l'éloigner du moment présent.

Nous ne voulons ni conquêtes, ni couronnes vassales de notre trône : on ne doit donc pas craindre notre ambition ; nous repoussons toute tentative qui aurait pour but d'agiter les peuples ; on n'a donc rien à redouter de notre prosélytisme politique ; et cependant nos voisins sont aigres, défians, hostiles même : c'est que nos principes politiques les blessent, et croyez que jamais ils ne renonceront de bonne foi à les étouffer. Depuis quinze ans ils ont pris l'habitude de nous compter pour peu de chose dans la balance de l'Europe, et tout-à-coup nous y pesons de toute la force de notre courage et de notre nombre, de toute la puissance de notre ancienne gloire ; croyez-vous qu'ils s'habituent à ce nouvel équilibre ? Non, monsieur, l'épée seule les y forcera. Ils nous avaient placé depuis Ostende jusqu'à Landau, sous le feu de leur artillerie, et nous avons brisé cette ligne hostile ! ils chercheront à la reconstruire à tout prix. Si vous êtes assez faible pour leur concéder le Luxembourg, sous prétexte de le garder, ils y installeront un cordon sanitaire politique; quand ils auront bien affermi leur autorité dans leur intérieur, le cordon sanitaire débordera sur Bruxelles, et tournant brusquement à gauche, il se cramponnera dans Mons, dans Namur, dans Philippeville, d'où vous ne pourrez l'expulser qu'après avoir versé des torrens de sang et exposé momentanément l'indépendance de votre patrie. En Italie, même obstacle à une longue paix ; des concessions dictées par le jésuitisme vont peut-être vous endormir un moment; mais souvenez-vous que l'Autriche sait quand il le faut ramper sur le ventre et se traîner dans la boue, pourvu qu'elle puisse un jour se relever avec orgueil et reprendre en un instant ce qu'elle perdit en dix. En un mot, rappelez-vous ce qu'elle fit en 1810, et le rôle qu'elle joua en 1813, et vous aurez le secret de sa politique.

En un mot, monsieur, partout je vois la guerre, si ce n'est immédiate, du moins prochaine. Si j'étais donc ministre du roi, je profiterais du patriotisme et de l'ardeur nationale , je renoncerais à la vieille routine diplomatique , pour dire en quelques lignes simples , fermes, cathégoriques , ce que veut la dignité de la France; et si la réponse n'était ni franche, ni prompte, ce qui serait inévitablement, si comme je le suppose, des arrières pensées occupent l'Europe, je profiterais de l'ardeur et du patriotisme que juillet ont réveillé pour terminer en une seule campagne la lutte , que tôt ou tard nos principes politiques feront naître.

Peut-être même, monsieur, ferais-je mieux ou plus, je vous laisse à choisir celle de ces deux expressions qui vous plaira d'avantage. Jetant un regard sur l'avenir et repudiant une politique égoïste qui ne pense qu'au moment présent , je dirais : une puissance qui est redoutable parce qu'elle peut armer et jeter ses populations là où son ambition la pousse , menace la liberté de l'Europe dans laquelle elle pénètre peu à peu depuis un siècle : pour arrêter sa marche, nos enfans auront quelques années de guerre à soutenir et peut-être n'auront-ils plus les chances favorables qui se présent aujourd'hui. Eh bien ! une guerre ne peut mettre notre commerce dans une position plus critique que celle où il se trouve; jamais la patrie ne s'est montrée plus disposée à faire des sacifices pécuniaires ; jamais il n'y eut moins de chance pour une invasion en cas de revers , puisque la population marcherait en masse pour éloigner de ses foyers des malheurs que les souvenirs de 1814 et de 1815 rendent encore plus cuisans. Fesons donc la guerre !

Relevons cette héroïque Pologne à laquelle il faut, non trois millions d'habitans, mais les vingt millions d'hommes qui habitent de la Baltique aux Krapacks, de la vallée de l'Oder au Pruth et à la Duna ; restituons la Finlande à la Suède, et, sans le faire redoutable, consolidons le trône du Sultan. De ces trois puissances, unies par un intérêt commun, formons un cercle de fer sur lequel se briseront tous les efforts du géant du nord; que la Prusse cesse de s'étendre comme un ver rampant du Niémen à la Moselle, et renonce d'être française à Trèves et russe à Memel ; que la Confédération germanique, affranchie du vasselage que deux de ses membres peuvent lui imposer, cesse de recevoir des ordres de Vienne et de Berlin; que l'Italie, enfin, devienne italienne pour éviter qu'elle soit tour-à-tour française ou autrichienne... Mais je m'arrête, monsieur. Sans doute que la fièvre avait grandi mes idées quand j'ai fait le rêve que je viens de développer, et je rêve encore quand je soumets aux pygmées de la restauration un plan pour lequel il faudrait les géans de l'empire.

Maintenant, vous savez pourquoi j'ai crié aux armes ! Puissent mes intentions ne pas m'attirer votre colère et me faire trouver toutes portes closes, quand, en humble solliciteur, je me présenterai dans vos bureaux. P. DOUBLET DE PERSAN.

AUX ARMES!

Paix et Liberté! a dit la France. *Aux armes!* a répondu l'Europe; et la France que ce cri fit toujours frissonner de gloire, répète avec enthousiasme, *aux armes! aux armes!*

Entendez-vous, rois de l'Europe, entendez-vous tous nos échos répeter ces mots sinistres? C'est le tonnerre qui gronde. Ah! croyez-moi, abaissez votre glaive devant l'olivier et n'attendez pas que la foudre éclate et pulvérise les imprudens provocateurs.

Mais d'où vous vient donc, tout-à-coup, cette ardeur martiale, vous qui teniez naguère un langage si pacifique; vous qui n'aviez pas assez de voix pour crier à notre Louis-Philippe: Soyez le bien venu!

Serait-il donc vrai que, terrifiés par la rapidité de notre glorieuse régénération, vous avez tous cru que déjà le drapeau tricolore flottait aux portes de vos cités, et que, dans votre étonnement, la peur vous rendant pacifiques, c'est elle qui vous fit flatter le lion que ce maladroit de Charles X venait de démuseler en cherchant à l'enchaîner complètement ?

Serait-il vrai que, revenus de votre premier effroi, remarquant l'allure paisible du lion qui vous a tant effrayés, vous en concluez que le joug *légitime* qu'il a bien voulu porter pendant quinze ans a énervé sa force, flétri sa fierté, amolli son courage ; qu'en conséquence, profitant du prétexte que vous offre l'énergie belge, le patriotisme polonais et l'effervescence italienne, vous songez à cerner le lion français, pour ensuite régler, selon votre guise, la longueur de sa longe, la forme de son gand et l'ampleur de sa muselière?.... Halte là, messieurs !... regardez-y à deux fois, car le lion ne s'est pas donné de curée depuis long-temps, et si son appétit s'aiguise, je doute qu'il s'appaise avant d'avoir dévoré deux ou trois aigles et broyé l'ours du nord s'il était assez imprudent pour braver sa colère.

Faut-il donc vous l'expliquer ce calme que vous prenez pour un signe de faiblesse, et qui cependant prouve si bien notre force.

Après ces trois belles journées, dont le récit a électrisé tous les peuples et terrifié tous les rois, après ces trois belles journées, dis-je, nous avons choisi pour notre chef Louis-Philippe d'Orléans; nous lui proposâmes le trône avec franchise, mais aussi la même franchise dicta les conditions.

Louis-Philippe comprit notre langage , y répondit et fut roi.

A peine ce grand acte était accompli que les Belges, secouant le joug honteux de la Hollande, protestèrent contre la monstrueuse alliance que votre politique égoïste leur avait imposé. Fidèles aux Nassau, ils proclamaient Guillaume, quand Guillaume se fit *mitrailleur*. Force leur fut alors de crier : *vive la liberté ! vive la France !*

Ce cri fraternel , cette acclamation sympathique retentit en France et y trouva des échos. Les souvenirs se reveillèrent, et on se rappela que Bruxelles, Gand et Anvers avaient jadis fait partie de la grande famille. « En avant! s'écrièrent » quelques-uns, et arrêtons-nous sur le Rhin. » En avant ! répéta la France, que la voix de l'opprimé n'implore jamais en vain. « Mes amis, » s'écria Louis-Philippe, Anvers et le Rhin sont » beaux, mais la paix est encore plus belle! Si » nous voulons être maîtres chez nous, ne cher— » chons pas à l'être chez les autres ! Rappelons- » nous que l'Europe porte encore les traces du » joug pesant que nous lui avions imposé, et que » l'apparition du drapeau tricolore fut toujours » pendant quarante années le précurseur de sa » défaite. En le voyant flotter de nouveau elle a » frémi: rassurons-la donc par notre modération » et disons lui : liberté pour nous, mais liberté » pour tous.» Chacun sentit la justesse et la justice de ce langage; on repoussa au loin une pensée qui n'était qu'une réminiscence, et la France en masse s'écria : « Liberté pour nous et » respect pour la liberté des autres.»

Nous nous contentâmes donc d'être libres, et nous étouffâmes des clameurs qui auraient pu vous effrayer : en vain l'héroïque Pologne nous tendit la main pour fraterniser; en vain elle nous désigna les bataillons qui devaient venir chez nous implanter l'esclavage; en vain l'Italie implora notre appui : nous restâmes calmes, muets, impassibles : Ah ! qu'il fut pénible le sacrifice que nous fîmes au désir de notre roi qui veut que sa couronne soit pure de sang humain ! Mais, messieurs, malheur à qui prendrait notre calme pour de la faiblesse ! Malheur aux rois qui verraient d'un œil erroné nos pacifiques dispositions. Si la question du Luxembourg n'était qu'un prétexte, à l'aide duquel on se préparerait à attaquer notre liberté en étouffant celle qui règne en Belgique, alors vous verriez le géant français grandir et prenant la liberté par la main, partir avec elle pour faire le tour du monde.

A la voix du Roi citoyen 5oo,ooo volontaires surgiraient des rangs de cette garde héroïque qui s'est levée à la voix du vieux Lafayette; guidés par 3oo,ooo braves que le vainqueur de Memingen et de Toulouse a recrutés parmi les vétérans de notre gloire, suivis de 2oo,ooo conscrits, franchiraient la frontière, et bientôt Vienne, Berlin, Madrid, Moscow même, verraient nos bataillons saper leurs murailles et planter sur leurs monumens l'étendart du grand peuple.

En vain coalisés par la peur, vous chercheriez à réargir sur nos frontières : trois millions de citoyens animés par le feu sacré de la patrie, verraient vos efforts échouer contre leur courage et leur patriotisme.

Et si quelques-uns de ces aveugles qui ont entraîné Charles X dans le précipice, vous montraient des alliés dans quelques fanatiques qu'ils ont laissé parmi nous, demandez leur où est leur maître, et cette question sera la pierre de touche de leur courage et le budget de leur puissance.

Et, si encore, on vous parlait de discordes prêtes à nous désunir, apprenez que si quelques jeunes têtes rêvent la république, les dangers de la patrie leur feraient oublier leurs brillantes utopies, et que, placés à la tête de nos phalanges, nous n'auriez pas de plus ardens ennemis.

Mais après que vous auriez méconnu cette générosité et cette franchise qui mériteront à notre immortelle régénération la vénération des siècles à venir, n'attendez pas que nous respections ces convenances politiques qui rendent sacrée la chaîne qui lie les peuples aux rois.

Abjurant donc une modération dont l'exemple aurait été sans fruit, nous chercherions des alliés, nous trouverions des frères dans les opprimés, dans les mécontens de tous les pays. Les plaines d'Eylau et de Friedland verraient les braves Polonais orner nos étendards tricolores de l'un de ces aigles qu'ils ont exhumé des tombeaux de nos braves, et qui déjà les a conduit à la victoire ; les fiers Hongrois nous donneraient rendez-vous sur les ossuaires d'Austerlitz ; le sang des victimes de Bologne feraient surgir des phalanges vengeresses, et la mollesse désertant les ruines de Capoue rendrait Rome et Naples à leur antique liberté ; Gênes et Venise se rappelleraient que leur splendeur s'éteignit quand elles se soumirent à un sceptre royal ; la péninsule Ibérique secouant le joug monacal entonnerait l'hymne patriotique de Riégo, tandis que la tribune populaire se promenant dans les rues de Berlin, apprendrait aux rois à ne plus se faire un jeu de leurs sermens. Enfin, il n'est pas jusqu'au Moscovite peut être qui, réveillé par nos chants de liberté, chercherait à fonder une nouvelle Novogorod.

C'est alors, rois imprudens, que punis de votre parjure, vous diriez, mais trop tard peut-être : *Liberté pour tous ! liberté pour tous !*

LETTRE D'ENVOI.

ROIS ET PRINCES,

De ce qu'un petit bourgeois de Paris ose sans mission vous donner quelques avis sur la conduite que vous devez adopter dans vos rapports avec sa patrie, n'allez pas conclure que nous sommes revenus aux temps ou un grenadier français causait, en le tutoyant, avec le *citoyen Guillaume*. Fort heureusement pour vous et pour nous, quoiqu'aussi forts qu'à cette époque nous sommes beaucoup plus calmes ; puisse-t-il en résulter que nous ne soyons pas obligé de vous arracher les armes à la main l'influence politique qui est nécessaire à notre honneur et qui est le besoin d'un grand peuple.

J'ai pris la liberté de crier *aux armes !* Messieurs, parce qu'il me semble que malgré notre pacifique profession de foi si loyalement observée, que malgré les restrictions que nous apportons à notre influence politique, vous vous préparez à la guerre.

La France est un pays où il ne faut pas être ministre , général et surtout grand seigneur pour discuter les intérêts de l'Etat, et saisir malgré le masque de la diplomatie les secrètes intentions des cabinets voisins. Ne vous étonnez donc pas si je donne l'alarme à mes compatriotes et si je me défie de vos trompeuses protestations.

En effet, Messieurs, est-ce dans une intention pacifique que Metternich blottit 150,000 combattans dans les gorges de la haute Italie , d'où il peut les jetter rapidement sur le penchant occidental des Alpes ; est-ce simplement pour se livrer au plaisir de voir beaucoup de beaux uniformes un jour de revue, que l'incorrigible d'Iéna concentre ses armées entre la Meuse et le Rhin ; était-ce pour apprendre à manœuvrer à ses soldats que le Moscovite hâtait vers l'ouest la marche de ses pulks qui campaient naguère sur les bords de la Caspienne et aux pieds des Balkans. Enfin, dites-moi pour quel motif le roitelet qui règne sur Marengo, l'ingrat, qui, grâce à nos millions, saisit sous Cadix le sceptre *du bon plaisir*, hérissent de leurs bataillons les Alpes et les Pyrénées, tandisque 10,000 sicaires du tigre portugais saisissent leur poignard en chantant la journée de Cintra pour chasser le souvenir de la route d'Oporto !

Tout cela n'est pas la guerre me direz-vous ? J'en conviens ; mais quand vous verrez vos bataillons à notre porte , ne vous prendra-t-il pas envie d'y frapper.

Ce mot qui renferme votre véritable pensée, messieurs, vous fait imperceptiblement sourire : mais tremblez, nous avons crié *aux armes*, et nous sommes à la frontière l'arme au bras.

Ne confondez pas toutes fois mes cris de guerre avec ceux de certains hommes qui ne voudraient être hostiles que pour appeler tous les peuples à l'émancipation politique. Si je veux la guerre c'est dans le seul but de conserver à ma patrie le haut degré d'honneur et d'indépendance qui lui appartient; si un jour j'appelle vos peuples à la liberté, ce sera pour vous punir de n'avoir pas respecté la notre ; mais hors de là, je crois que chaque peuple ne peut devoir son émancipation qu'à lui-même et que quand il sera mûr pour la liberté, nulle puissance ne pourra l'empêcher de l'obtenir.

Voilà, messieurs, ce que j'avais à vous dire : pardonnez-moi mon audace, mais je sentais le besoin de vous écrire ce que vous n'auriez appris, ni par vos ambassadeurs qui aiment à faire les importans, ni par vos généraux qui rêvent la gloire sans songer à la honte de la défaite, ni par vos ministres qui gouvernent bien plus à leur aise quand peuples et monarques sont occupés à guerroyer.

Je suis , etc.

FIN.